W0045177

Madame Missou
ist selbstbewusst

Madame Missou

IST SELBSTBEWUSST

Unsere Themen

C'est la vie

Wer möchte nicht gern in dieser wundervollen inneren Balance leben, die das Leben so leicht macht? Dahinter steckt häufig ein stabiles Selbstbewusstsein. Doch nur wenigen Menschen ist dieser Schatz, sich in größter Selbstverständlichkeit rundum wertvoll und liebenswert zu fühlen, von vornherein in die Wiege gelegt.

Vor allem wenn der Alltag mal wieder mit voller Wucht zuschlägt und wir nur noch funktionieren, verlieren wir häufig unsere innere Ausgeglichenheit. Dann ist es an der Zeit, sich bewusst mit sich selbst zu beschäftigen und sich in Selbstfürsorge zu üben.

Auf meinem Weg zu innerer Zufriedenheit habe ich vieles ausprobiert. In diesem Ratgeber stelle ich dir die wichtigsten Strategien vor, mit denen du dich zu einer selbstbewussten Frau entwickelst. In zehn Schritten möchte ich dich anregen, dein einzigartiges Selbstbild zu entwickeln, deine Stärken zu erkennen, dir selbst Wertschätzung zu gönnen und dich mit einer freundlichen und souveränen Ausstrahlung zu behaupten. Finde heraus, wie du diese Tipps erfolgreich umsetzt und nachhaltig nutzt, sodass deine Stärke und Selbstsicherheit ständig wachsen.

Pardon, ich habe mich noch gar nicht vorgestellt: Mein Name ist Madame Missou. Mehr als einen guten Café au lait und einen Plausch mit meiner besten Freundin brauche ich nicht, um glücklich zu sein!

Und nun ans Eingemachte: **Freu dich auf „Aha-Momente" und inspirierende Anregungen, die dir dabei helfen, deinen Alltag selbstbewusst, liebevoll, achtsam und mit Freude zu gestalten!**

Ein gesundes Selbstbewusstsein – die stabile Grundlage für jede Lebenssituation

Erfolgreiche und beliebte Menschen haben ein Geheimnis: **Sie strahlen Souveränität und Selbstvertrauen aus.** Durch ihr solides Selbstwertgefühl vermitteln sie anderen Menschen Sicherheit und wecken Vertrauen. Wir sind gerne mit ihnen zusammen und lassen uns anstecken. Wir trauen ihnen zu, dass bei Schwierigkeiten auf sie Verlass ist und dass sie gute Lösungen finden.

Alors!

**Beruflich oder privat: Selbstbe-
wusstsein wirkt anziehend und
garantiert Erfolg!**

Wer tiefes Vertrauen zu sich selbst hat, kommt bei anderen Menschen gut an, sowohl bei Geschäftspartnern als auch bei Chefs, im Team und im Freundeskreis. Familienmitglieder, Bekannte, Freunde, sie alle spüren, dass hier ein Mensch ist, der sich mit großer Selbstverständlichkeit auf einer stabilen und tragfähigen Basis bewegt.

Wir alle kennen Zeiten, in denen wir uns sicher und kompetent fühlen. Dann haben wir keine kleinlichen Streitereien nötig – wir kennen unseren Wert und setzen unsere Energie für wirklich wichtige Ziele ein. Wir handeln souverän und glaubwürdig. Selbstbewusstsein bringt uns nach vorn, und das nachhaltig und auf faire Art.

Und wenn uns das nötige Selbstbewusstsein fehlt?

Du erinnerst dich wahrscheinlich schnell an kürzere oder längere Phasen, in denen du dich besonders klein und unterlegen gefühlt hast. Uns allen ergeht es manchmal so. Oft sehen wir in solchen Situationen nur zwei Möglichkeiten: Kampf oder Flucht.

Kampf oder Flucht?!

Entweder wir kämpfen und spielen uns auf, oder wir machen uns noch kleiner, als wir uns ohnehin schon fühlen, und entziehen uns immer mehr jeder Herausforderung. Je nach Temperament und Biografie wählen wir instinktiv sehr schnell eine dieser Möglichkeiten. Beide Wege sind jedoch leider nicht dazu geeignet, uns wirklich weiterzubringen und unser Selbstwertgefühl dauerhaft zu stärken.

Wer sich klein und unfähig fühlt, beginnt in den meisten Fällen, dagegen Strategien zu entwickeln. Der Grund ist einleuchtend, denn wer hält es schon aus, sich auf Dauer unterlegen und inkompetent zu fühlen? Fallen dir auch spontan ein paar Methoden ein? Mir kommt eine Menge in den Sinn, aber diese Adhoc-Reaktionen führen meistens nicht zum Ziel. Sie lassen uns auf Dauer genau das Gegenteil von dem erreichen, was wir wollen. Oft sind wir – klein, wie wir uns fühlen – in der Gefahr, uns aufzuspielen oder uns in komplizierte Auseinandersetzungen zu verwickeln. Wir verheddern uns in Machtspielen oder in übertriebener Selbstdarstellung. Wir verwechseln dominantes und rechthaberisches Verhalten und überzogene Selbstbehauptung mit echtem Selbstwertgefühl.

Wer Selbstbehauptung um jeden Preis will, bewirkt oft das
Entgegengesetzte von dem,
was er sich wünscht. Er weckt
Aggressionen, fordert aggres-
sive Gegenspieler heraus oder
walzt die anderen platt. Wer sich
andererseits in eine Haltung des
Gekränktseins und des Selbstmit-

leids begibt, zieht sich innerlich zurück und vermei-
det Auseinandersetzungen. Sich im Schneckenhaus
einrichten, die andern abwerten und sich Konflikten
nicht stellen, scheint zunächst die leichtere Variante zu
sein, aber auf Dauer macht sie unglücklich und treibt
in die Isolation.

Eine selbstbewusste und anziehende Ausstrahlung erreichen wir in beiden Fällen nicht. Ob wir uns übertrie-
ben selbst behaupten wollen oder ob wir uns passiv
verhalten und entziehen, unser Seelenfrieden kommt
unweigerlich in Gefahr.

Patience, Geduld! So eine nachhaltige Veränderung
gelingt natürlich nicht von heute auf morgen: Doch

wer sich immer öfter seiner selbst sicher ist, wird sich auf Dauer auf eine souveräne Art durchsetzen und erfolgreich sein.

mein
TIPP:

Lass uns die eigenen kostbaren
Energien nicht in zwecklosen
Aktionen vergeuden, sondern
sie für das Erlangen von echtem
Selbstbewusstsein einsetzen!

Starke
Frauen
kennen
ihren Wert.

Selbstbewusstsein lässt sich lernen

Wie lassen sich Selbstsicherheit und Selbstgewissheit lernen? Zahlreiche prominente Beispiele, aber auch Personen aus dem eigenen Bekanntenkreis zeigen, dass es erfolgreiche Strategien dafür gibt. Es geht nicht darum, sein Ego für kurze Zeit aufzupolieren, sondern vielmehr darum, sich einen dauerhaften Zuwachs an selbstbewusster Haltung anzueignen und im Lauf der Zeit immer mehr an kraftvoller Ausstrahlung zu gewinnen. **Das Geheimnis wirklich starker Frauen liegt darin, dass sie ihren Wert kennen.** Sie haben Strategien erlernt, wie sie in persönlichen Tiefs und in Konfliktsituationen für sich und für ihr inneres Gleichgewicht sorgen können.

Ich habe mich viel mit selbstbewussten Persönlichkeiten beschäftigt, um hinter ihr Geheimnis zu gelangen. Dabei wurde mir klar, dass Vertrauen in sich selbst viel mit Selbsterkenntnis und mit der Annahme der eigenen Persönlichkeit zu tun hat. Dadurch kann das Vertrauen in die eigenen Fähigkeiten wachsen.

Selbstbewusste Menschen haben gelernt, ihre „innere Landkarte" zu entschlüsseln. Sie kennen ihre Stärken und auch ihre Schwächen. Sie wissen, dass sie wichtige Grundbedürfnisse haben, und sie stehen selbstverständlich dazu. Sie kennen auch ihre Grenzen und nehmen sie sehr ernst.

Das Wichtigste aber: Selbstbewusste Menschen haben es nicht nötig, eine falsche Selbstsicherheit vorzuspielen. Sie können zugeben, wenn sie sich irren, ihre Sicherheit hängt nicht an einem seidenen Fädchen, das jederzeit gekappt werden kann. Nein, ihre innere Sicherheit steht auf einem guten Fundament. Sie hängt mit innerer Stärke zusammen.

Welche starken Frauen kennst du?

Diana
Alice Schwarzer
Michelle Obama

Oh là là! Selbsterkenntnis, Stabilität und innere Stärke! Das klingt zunächst erst mal alles wahnsinnig abstrakt.

Es ist Zeit für die Praxis!

Nach und nach wird durch einen anderen und vielleicht für dich ganz neuen Zugang zu dir selbst deine innere Stärke deutlich und zuverlässig wachsen und du wirst zunehmend deine Ausstrahlung verändern.

Die zehn wichtigsten Schritte zu einem stabilen Selbstbewusstsein

Bien sûr, ein sicheres Selbstbewusstsein lässt sich nicht mit einem Knopfdruck oder per Mausklick herbeizaubern. Der Weg dahin ist eher mit einer vergnüglichen Wanderung zu vergleichen. Schritt für Schritt geht es in die Richtung zum gewünschten Ziel, unterwegs gibt es Rastplätze und wundervolle Ausblicke als Zwischenbelohnung. Immer wieder kannst du auf deinem Weg Erfolge verbuchen, du merkst, dass neue Verhaltensweisen Spaß machen und dir sofort nutzen. Dadurch bekommst du Lust auf mehr! Auf meinem eigenen Weg zu mehr Selbstbewusstsein habe ich unterschiedliche Methoden ausprobiert und daraus die wirksamsten zusammengestellt.

In diesem Büchlein werde ich sie dir verraten: **Die zehn ganz besonders wichtigen Schritte auf dem Weg zu einem guten Selbstbewusstsein!**

Wenn du diese zehn Schritte gehst und die damit verbundenen Themen im Lauf der Zeit selbstverständlich in deinen Alltag integrierst, wirst du lernen, dir selbst mit Wertschätzung, Achtung und Liebe zu begegnen. Du wirst sehen, manche dieser Ideen werden bei dir aufgrund des Aha-Effekts sofort eine merkliche Veränderung bewirken. Andere Anregungen dauern in der Umsetzung etwas länger. Doch eins ist sicher: Es macht Spaß, sich selbstbewusster zu fühlen, jeden Tag ein bisschen mehr! Und das Schöne: **Nichts ist so erfolgreich wie der Erfolg.** Du wirst schnell durch deine Erfolge angespornt werden, weiterzumachen, und dich dabei immer souveräner und wohler fühlen.

Let's go! Die zehn Schritte zu mehr Selbstbewusstsein …

Schalt um – von Selbstabwertung auf Selbstwertschätzung

Diese wichtige Anregung beruht auf einer erstaunlichen Erkenntnis, die ich in einem Fachmagazin gelesen habe. Forschungsergebnissen zufolge haben die meisten von uns einen inneren Kritiker, der sie den lieben langen Tag mit Tadel und Vorwürfen bombardiert. Ohne dass wir es wirklich merken, kommentieren wir in Gedanken alle unsere Handlungen.

Das Gefährliche dabei ist, dass wir genau diesen Mechanismus für selbstverständlich halten, falls wir ihn überhaupt wahrnehmen. Der innere Kritiker ist leider ein ganz pingeliger Perfektionist. Er ist mit fast keiner unserer Tätigkeiten wirklich zufrieden. Alles und jedes könnten wir seiner Ansicht nach noch ein wenig besser machen, wir könnten schneller sein oder fehlerlos. Wir könnten netter sein oder entschlossener, nur ja nicht so, wie wir nun mal sind.

mein

TIPP:

Sobald wir diesen inneren Kritiker entlarven, haben wir einen wichtigen Schritt auf dem Weg zu unserer Selbstwertschätzung geschafft.

- Machst du wirklich alles ein **bisschen zu langsam?**

- Gelingt dir tatsächlich so gut wie nie etwas?

- **Mal ehrlich:** Bist du so unmotiviert, unfreundlich und unerträglich, wie der innere Kritiker es dir einredet?

Alors, welches Weltbild steckt denn dahinter? Eigentlich doch ein vollkommen falsches: Das Leben ist nicht perfekt, kein Mensch ist perfekt, ich bin es nicht und auch du kannst es nicht sein. Und: Ist das überhaupt das Ziel?

Auf unseren Anspruch auf Perfektion kommen wir später noch zu sprechen. Für den ersten Schritt der Selbstwertschätzung gilt: **Setz Lob dagegen, so oft wie möglich.**

Eigenlob
duftet
herrlich!

Das mag erst mal ungewohnt erscheinen, doch sei hartnäckig und streng mit dir selbst. Auch und gerade im positiven Sinne! Gewöhn es dir an, dich bei gelungenen Aktionen ausdrücklich selbst zu loben. Das kann in Gedanken geschehen, noch besser ist die Wirkung, wenn du dich laut lobst, entweder allein oder vor anderen. Oui, oui, du hast richtig gelesen: Du darfst dich selbst loben, du sollst es sogar, und zwar immer wieder, gerade auch bei den vielen Kleinigkeiten, die du den ganzen Tag über erledigst.

Du hast den Tisch liebevoll gedeckt? Freu dich darüber und genieß dein Eigenlob. Du hast ein berufliches Projekt zum ersten Mal erfolgreich durchgeführt? Génial, das verdient dein Lob! Auch wenn Arbeitsabläufe in Zukunft noch optimaler gestaltet werden können – **nicht tadeln, sondern loben, das ist ab jetzt deine Devise.**

Was hast du heute noch alles vollbracht?
Schreib es am besten gleich mal auf!

Was ich heute geschafft habe:

mein

TIPP:

**Setz die Brille der positiven Sicht-
weise auf, nicht nur gegenüber
anderen, sondern vor allem in
Bezug auf dich selbst. Du bist
schließlich der wichtigste Mensch
in deinem Leben.**

Du denkst jetzt vielleicht, eine solche Haltung habe etwas mit Verschleierungstaktik und mit einer rosaroten Brille zu tun. Meiner Erfahrung nach ist das wirklich nur ganz selten der Fall. Du kannst davon ausgehen, dass du immer noch genügend innere Kritikerstimmen hast – lass nicht zu, dass die inneren Nörgler die Überhand behalten. Du hast es verdient, dass deine innere Wertschätzung immer stärker wird und das Geschehen bestimmt.

 Und noch ein Argument zählt, finde ich: Gerade wenn du dich selbst wertschätzt und ernst nimmst in deinem Tun, deinem Denken und Fühlen, kannst du auch echte Kritik annehmen und konstruktiv damit umgehen.

Positive
Thinking!

Üb dich in positivem Denken

Die Übung, die ich dir jetzt vorstelle, geht noch einen Schritt weiter. Dahinter steht die Erkenntnis, dass wir sehr oft genau das erfahren, was wir von anderen, von den Menschen in unserem näheren und weiteren Umfeld, erwarten. Vielleicht haben wir schon viele schlechte Erfahrungen gemacht, manche von uns bereits im Kindergarten. Da war die vermeintliche Sandkastenfreundin, die sich plötzlich gegen uns verbündete. Mich hat sogar einmal eine ganze Gruppe wegen eines Missgeschicks ausgelacht, glaub mir, das war kein schöner Moment.

Solche Erfahrungen können tiefe Wunden schlagen. Sie prägen sich nachhaltig ein. Das wirklich Schädliche daran ist, dass wir die Erinnerung an solche Ereignisse bis ins Erwachsenenalter mit uns herumschleppen. Auch wenn wir heute klüger, gewandter, wehrhafter und viel stärker sind als damals, kann es sein, dass wir in einer ähnlichen Situation trotzdem befürchten, plötzlich wieder ausgetrickst, über den Tisch gezogen und kleingemacht zu werden. Hinzu kommt die Furcht, dass wir uns nicht wehren können. Sich in positiven

Gedanken zu üben, ist deshalb essenziell wichtig für die nachhaltige Stärkung deines Selbstwertgefühls. Keine Bange: Mir ist klar, dass du nicht einfach negative Gefühle ausknipsen und von jetzt auf gleich umdenken kannst nach dem Motto „Lass uns verkehrte Welt spielen". Deshalb schlage ich vor, dass wir den Weg zum positiven Denken in zwei Etappen gemeinsam beschreiten!

1. Etappe

Die erste Etappe beinhaltet, dass du dir immer wieder deine heutigen Fähigkeiten klarmachst:

Du kannst dich wehren.

Du hast jetzt als erwachsener Mensch weitaus mehr Fähigkeiten zur Verfügung, als du sie damals als Kind hattest.

Du kannst ...

- ... **Einspruch** einlegen,

- ... andere auf **ihr Verhalten** ansprechen,

- ... dir adäquate **Hilfe holen**,

- ... Situationen mit Humor und mit deinem eigenen Charme entschärfen!

All diese Strategien standen dir als Kind so noch nicht zur Verfügung. Vielleicht bist du ja ein Mensch, der durch besondere Kompetenzen auftrumpfen kann oder durch Fleiß und Effizienz?

Sollte all dies gar nichts helfen, kannst du immer noch den meisten schwierigen Menschen aus dem Weg gehen oder die Beziehung zumindest distanzierter gestalten und dir andere Bezugspersonen suchen. In jedem Fall hast du in der Gegenwart weitaus mehr Handlungsmöglichkeiten verschiedenster Art als früher, falls andere Menschen unfreundlich zu dir sind. Du kannst also beruhigt deine Gedanken auf deine Fähigkeiten und Stärken richten, nicht auf elwaiges Versagen. **Dadurch stärkst du dich selbst enorm!**

2. Etappe

Die zweite Etappe bezieht sich auf die Menschen in deinem Umfeld. Dazu möchte ich dir eine kleine Geschichte erzählen:

Ein Mann reiste von Patras nach Athen und fragte vor den Toren der Stadt einen Wanderer, wie denn die Bürger von Athen so seien, was von ihnen zu erwarten wäre. Der Wanderer fragte ihn daraufhin, wie sich denn die Menschen in Patras verhalten hätten. Der Reisende beschrieb diese als freundlich und großzügig. Daraufhin erwiderte der Wanderer: „Nun, auch die Bürger von Athen wirst du als freundliche und großzügige Menschen antreffen."

Der Kern dieser Geschichte erschließt sich fast von selbst: Wir bekommen meistens genau das, was wir erwarten.

Alors, wie wäre es, wenn du in Bezug auf die Menschen in deiner Umgebung auch mal zur rosaroten Brille greifen würdest? Verblüffend oft erhalten wir nämlich genau das bestätigt, was wir schon zu kennen glauben. Die meisten Menschen sind nicht einfach nur gut oder nur schlecht, freundlich oder unfreundlich, sie sind eine Mischung aus beidem.

In dem Moment, in dem wir uns entschließen, unseren Blick auf die guten Seiten unserer Zeitgenossen zu lenken, werden wir die Menschen in unserem Umfeld als weitaus weniger bedrohlich erleben und wir gehen selbstverständlich und selbstbewusst auf sie zu. Probier dieses Experiment ruhig mal aus, du wirst interessante und verblüffende Erfahrungen machen!

Dazu fällt mir eine meiner Lieblingsgeschichten ein: Der Mann mit dem Hammer von dem Kommunikationswissenschaftler Paul Watzlawick. Es ist gut möglich, dass du sie schon kennst, aber die Anekdote passt einfach so gut zu unserem Thema, dass ich nicht auf sie verzichten mag. Sie geht in etwa so:

Ein Mann möchte von seinem Nachbarn, mit dem er ein zugegebenermaßen schwieriges Verhältnis hat, einen Hammer ausleihen. Bevor er rüber zum Nachbarn geht, beginnt er zu grübeln. Er steigert sich dabei so sehr in die Vorstellung hinein, sein Nachbar könne ihn auf den Tod nicht ausstehen und leihe ihm seinen Hammer mit Sicherheit nicht aus, dass er zum Schluss wutschnaufend beim Nachbarn klingelt und ihn sofort anschreit: „Behalten Sie doch Ihren scheiß Hammer!"

Das zur Kraft der selbsterfüllenden Prophezeiungen ...

Alors!

Es stimmt schon, dass Verliebte die Welt oft durch eine rosarote Brille sehen. Schauen wir uns etwas von ihrer positiven Sicht auf die Welt ab und setzen diese Brille auch öfter auf! Du wirst sehen, die besten Erwartungen an uns und andere werden sich erfüllen.

Dein persönliches Bench-marking

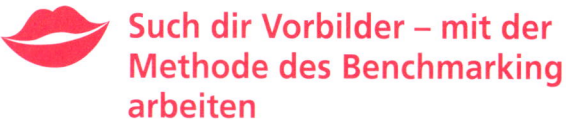

Such dir Vorbilder – mit der Methode des Benchmarking arbeiten

Was Firmen schon lange aktiv angehen, ist auch für den persönlichen Bereich ein Erfolgsmodell. Es geht darum, ungeniert abzukupfern und sich von andern etwas abzuschauen. Das, was gelingt, hat oft Methode. Diese Methode ist im Bereich von selbstsicherem Verhalten nicht patentiert, sie kann durchaus für eigene Zwecke verwendet werden. Ich hab's ausprobiert!

Am besten suchst du dir **Vorbilder, die kniffllige Situationen souverän lösen**.

Vielleicht kennst du eine Frau, die du bewunderst, weil sie so wirkt, als sei sie den Schwierigkeiten des Lebens jederzeit gut gewachsen?

Frag dich einfach vor einer problematischen Situation:

- Wen hätte ich hier gern als **Vorbild**?

- Würde diese Frau mit genau dieser **Herausforderung** gut umgehen?

- Und wie genau würde sie das **tun**?

- **Wie würde sie beginnen**, in welcher Haltung würde sie an die Sache herangehen?

- **Welchen Ton** würde sie anschlagen?

- Wie **offen** wäre sie im Gespräch?

- Wie viel **Lächeln, Freundlichkeit, Bestimmtheit oder Strenge** würde sie verbreiten?

Dabei geht es nicht darum, jemanden nachzuahmen, sondern es ist wichtig, dass du dir dich selbst als Handelnde vorstellst. Sehr oft kommt es dadurch zu einem Aha-Effekt und es werden Lösungsansätze deutlich.

Gut ist es, wenn du dir ein Repertoire von Vorbildern zurechtlegst. Sammle ungeniert „Menschentypen", von denen du dir immer wieder Strategien abschaust. Bei mir hat das wunderbar funktioniert! Keine Angst, du bleibst dabei ganz du selbst, du erweiterst jedoch deinen Handlungsspielraum enorm.

mein

TIPP:

Apropos „Spiel"-Raum: Je mehr du diese Methode als Spiel begreifst, desto leichter und souveräner wird sich dein Umgang damit entwickeln. Es macht Spaß, bewusst neue Strategien zu erproben und zu erfahren, dass sie erfolgreich sind!

Meine Vorbilder

Steh zu dir!

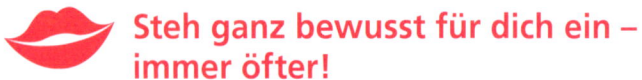

Steh ganz bewusst für dich ein – immer öfter!

Viele Menschen, vielleicht auch du, haben gelernt, dass es anständig und nobel ist, sich für andere einzusetzen. Das ist sicher ein edles Verhalten. Sich für andere einzusetzen, macht oft Spaß, es stärkt und gibt uns das Gefühl, etwas Gutes zu tun. Und das zu Recht!

Das Leben stellt uns jedoch genauso vor die Aufgabe, für uns selbst einzustehen. **Das Einstehen für sich selbst ist mindestens genauso wichtig wie die Hilfsbereitschaft gegenüber anderen.** Damit meine ich nicht, dass du dich bei jeder Gelegenheit in den Vordergrund drängen sollst. Wenn du ein gutes Selbstbewusstsein entwickeln willst, darfst du dich aber auch nicht zu oft hintanstellen.

Hier kommt ein Phänomen ins Spiel, das dazu beiträgt, dass du dich kleinmachen lässt. Das Phänomen besteht aus einer Mischung aus Ängstlichkeit und aus Bequemlichkeit. Wenn du ganz ehrlich bist, spürst du vielleicht, dass es auch oft sehr bequem ist, nicht für sich einzustehen. Es kostet Mut, von sich überzeugt zu sein und dies auch kundzutun. Ich habe mich früher häufig zurückgezogen und mich an meiner Bescheidenheit und Güte erfreut. Kennst du das? Im Innersten war ich in solchen Situationen aber traurig, enttäuscht und wütend. Ein bitterer Nachgeschmack blieb zurück.

Alors, mach dich auf den Weg und lern, für dich einzustehen! Es kostet tatsächlich Kraft und Energie, das weiß ich nur zu gut, aber das Schöne ist: Schon kleine Schritte lohnen sich.

Kleine Schritte, große Wirkung!

Mit jeder Gelegenheit, bei der du freundlich, aber bestimmt für dich eintrittst und dich nicht in den Hintergrund drängen lässt, prägt sich in deinem Gehirn diese Strategie ein. Es wird im Lauf der Zeit immer leichter und selbstverständlicher, beispielsweise auf deinem Recht zu bestehen oder dich positiv darzustellen. Die Angst davor wird kleiner werden, glaub mir.

Fang ruhig mit einfacheren Übungen an, etwa bei Menschen, bei denen du dich sicher fühlst. Du kannst auch eine Freundin in dein Vorhaben einweihen und dir mentale Unterstützung holen. Mit jedem Mal, bei dem du dich nicht selbst kleinmachst, sondern in deiner wahren Größe zeigst, wächst du im Innern ein Stück, versprochen!

Selbstbehauptung
Situationen zum Üben

- Vertrete im Gespräch mit engen Freunden **die eigene Meinung**.
- **Freu dich über ein Lob** ehrlich und bedank dich – ohne „Wenn und Aber".
- **Meld dich im Meeting zu Wort** und erkläre den anderen mit klarer Stimme deinen Standpunkt.

Meine selbst erlebten Situationen ...

_____

_____

_____

_____

 # Erkenn deine eigenen Stärken

Wer für sich einstehen will, sollte sich selbst kennen. Ich vergleiche es gern mit einer Freundschaft: Deine beste Freundin, deren Stärken du schätzt, kannst du sicher wundervoll positiv darstellen. Du erkennst ihre Fähigkeiten und Kompetenzen und nimmst auch ihre schwachen Seiten wahr. Oft verzeihen wir anderen sehr viele Fehler und Defizite, von uns selbst aber erwarten wir die pure Perfektion.

Der Weg zu einem stabilen Selbstbewusstsein führt über das Anerkennen der eigenen Fähigkeiten und Stärken. Bist du auch manchmal neidisch auf die Kompetenzen oder auf das Aussehen anderer Frauen? Vielleicht hast du noch gar nicht genügend realisiert, wo deine eigenen Stärken und Glanzlichter, deine Fähigkeiten und Pluspunkte liegen! Oft genug nehmen Frauen ihre einzigartige Sprachbegabung, ihre speziellen Kenntnisse, ihre herausragenden Leistungen gar nicht als etwas Besonderes wahr.

Stärken stärken

Das altbekannte Schema trifft leider allzu oft zu: Frauen mit lockiger Haarpracht finden sich unmodisch, Frauen mit Rubensfigur wären gerne spindeldürr und schlanke Frauen halten sich für unweiblich.

Vraiment, natürlich hast auch du tolle
Seiten! Vergegenwärtige dir deine Stärken
und schreib sie hier auf!

Meine Stärken

mein

TIPP:

**Frag doch mal die anderen!
Lass dir von guten Freundinnen
deine Vorzüge aufzählen
und glaub ihnen!**

Das bewundern meine Freunde an mir!

Du hast mit Sicherheit eine getönte Brille vor deinem geistigen Auge, wenn du nur an anderen Menschen Stärken siehst und dich selbst nicht attraktiv findest. **Jeder Mensch hat ganz persönliche einzigartige und wundervolle Seiten, und genau diese gilt es zu verstärken.**

Wenn du oft an deine Defizite denkst: Schluss damit! Es bringt dich vorwärts und verstärkt dein Selbstbewusstsein, **wenn du deine Stärken verstärkst**. Das bedeutet, dass du beim Outfit deine tolle Taille oder deine langen Beine betonst, deine schöne Haut strahlen lässt oder deine Haare in den Mittelpunkt der Aufmerksamkeit stellst. Was auch immer du an dir besonders magst!

Im Bereich deiner Persönlichkeit kannst du deine Stärken hervorheben, indem du in Gesprächen den Fokus auf Themen lenkst, bei denen du dich besonders gut auskennst. Es ist durchaus möglich, den Verlauf von Gesprächen in Gruppen mitzubestimmen. Warum solltest du nicht über Reisen sprechen, wenn das dein Lieblingsthema ist, oder über deinen wöchentlichen Sport?

Oute dich als Kennerin und stärk deine Stärken. Vergiss mal für einen Moment die Defizite. Kein Mensch muss alles können, auch die selbstsichersten Menschen können und wissen nicht alles. Voilà, es sind eben auch nur Menschen!

Locker
bleiben!

 # Mut zur Lücke

Na, fühlst du dich schon ein bisschen wohler in deiner Haut? Fantastique! Dann lass uns gleich weitermachen!

Der nächste Schritt zu mehr Selbstbewusstsein ist die Haltung, in der du „Mut zur Lücke" entwickelst. **Lockerheit** ist angesagt. Wer sagt denn, dass immer alles perfekt sein muss? Ich weiß aus Erfahrung, dass unrealistische Ziele niemals zur Lebensbewältigung helfen. Perfektion ist graue Theorie, in der Praxis ist das Leben bunt!

Sicher, Chirurgen sollten perfekt sein, auch Zahnärzte und Piloten bei der Ausübung ihrer beruflichen Tätigkeiten. Für die wirklich wichtigen Lebensbereiche, in denen Perfektion nötig ist, sollten wir unsere gesammelte Energie und Konzentration einsetzen. Aber seien wir ehrlich: Muss im Haushalt immer alles perfekt laufen? Ein paar Krümel auf dem Boden, Blütenblätter neben der Blumenvase, ist das wirklich so schlimm?

Muss die Frisur immer perfekt sitzen, das Büro-Outfit jederzeit makellos abgestimmt sein?

Sympathischer wirkst du ohnehin, wenn du dich nicht verkrampfst, sondern **die Dinge mit Lockerheit angehst**. Gib ruhig mal zu, dass du etwas nicht weißt, und vertrau darauf, dass du oft genug mit deinen speziellen Kenntnissen punkten kannst. Du bist eine begabte Hobbyschneiderin, kannst aber nicht gut backen? Du bist sportlich, aber auf musikalischem Gebiet nicht talentiert? Freu dich über deine Stärken und blende die anderen Bereiche aus. Etablier dich als Spezialistin für dein Lieblingsthema und freu dich darüber.

Alors!

Niemand kann Experte für jedes Thema sein, topfit und immer bestens gestylt – aber das ist auch gar nicht erstrebenswert! Perfektion ist auf Dauer unerreichbar und auch langweilig. Sei einfach du selbst und zeig der Welt, wie wunderbar du bist!

In der Ruhe liegt die Kraft.

In der Ruhe liegt die Kraft – wo sind deine Energiequellen?

Wer regelmäßig für sich sorgt und sich entlastende Auszeiten verschafft, hat die besten Chancen, sein Selbstvertrauen zu stärken. Ruhepausen, in denen du Kraft schöpfst, sind geradezu ein Dünger für dein Selbstvertrauen.

Ich meine damit nicht das absolute Nichtstun, sondern es geht vielmehr darum, dass du in dieser Zeit „in Ruhe gelassen wirst". Diesen Königsweg zu Gelassenheit, zu Selbstsicherheit und zu Souveränität solltest du regelmäßig beschreiten. Ob du es dir bei einer Tasse Tee auf der Couch gemütlich machst, ob du bei Yoga oder Meditation zur Stille findest oder ob du durch Feld, Wald und Wiese streifst, wichtig ist, dass du weißt, diese Zeit gehört dir ganz allein. Niemand stört dich, niemand erhebt Ansprüche auf deine Zeit, deine Zuwendung oder deine Aufmerksamkeit.

Du kannst deine Achtsamkeit ganz auf dich selbst richten. Das Geheimnis dabei liegt darin, dass du dann deutlich spürst, **dass du es dir wert bist, deine Zeit mit dir selbst zu verbringen**. Auf mich hat diese Erfahrung nachhaltig gewirkt. Selbstwertgefühl bedeutet, dass du dir selbst deinen inneren Wert zugestehst, gerade auch dann, wenn du nichts leistest, keine Vorgaben erfüllst, es niemandem recht machst.

In diesen Zeiten kommt es nicht auf die Quantität an. Die Qualität ist entscheidend! In welchem Rhythmus du dir deine Auszeiten gönnst und realisieren kannst, liegt sicherlich an deiner Lebenssituation. Doch dass dir solche Auszeiten zustehen, auch beispielsweise als Mutter kleiner Kinder, das solltest du nicht vergessen. **Kraft schöpfen, damit du stark werden kannst, das ist die Devise.** Jede Pflanze braucht Erde, Wasser, Sauerstoff, Sonne, Dünger – auch du darfst es dir wert sein, deine Ressourcen aufzufüllen, deine Lebenskräfte zu stärken.

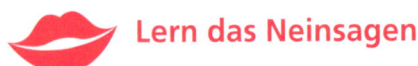

Lern das Neinsagen

Mit dem Neinsagen ist das so eine Sache. Du möchtest es gerne können, schaffst es aber irgendwie zu selten? Immer wieder passiert es, dass du zu schnell Ja sagst, wenn ein Mitmensch dich um einen Gefallen bittet, und dass du es hinterher bereust, weil du dadurch deine eigenen Pläne nicht verwirklichen konntest?

Warum passiert es uns immer wieder, dass wir zu schnell Ja sagen? Könnte es damit zusammenhängen, dass wir unglaublich stark darauf gepolt sind, es anderen Menschen ein bisschen mehr recht machen zu wollen als uns selbst? Warum ist das so? Ich denke, dass wir lernen sollten, nur dann Ja zu sagen, wenn wir auch wirklich Ja sagen wollen. In allen anderen Situationen sollten wir lernen, zu unserem Nein zu stehen.

Bien sûr, leichter gesagt als getan! Sicherlich ist es zunächst viel schwerer, als einfach zuzustimmen. Doch was wir uns dafür einhandeln, ist mehr Freizeit, weniger Ärger auf uns selbst und auch letzten Endes weniger Ärger auf die andern. Wir bleiben in unserer Balance und ersparen uns unnötigen Stress. Das bedeutet nicht, dass wir uns nicht auch auf andere Menschen einstellen können. Aber das Management unseres Lebens sollte bei uns selbst liegen, nicht bei den anderen, die uns sonst durch ihre Bitten und Ansprüche allzu leicht steuern können.

Alors!

Menschen mit einem gesunden Selbstbewusstsein können in den allermeisten Fällen ihre Grenzen so ziehen, dass sie nur dann Aufgaben annehmen, wenn sie dies auch wirklich wollen.

Chefin
der eigenen
Ich-AG!

Und was ist, wenn du einfach nicht Nein sagen kannst, weil du mit den Konsequenzen nicht leben willst?

Natürlich gibt es die berühmten Ausnahmen. Wenn dein Chef dich um Mehrarbeit bittet, wirst du nicht immer Nein sagen können. Wenn du nicht ohne Weiteres Ja sagen willst und wenn du dich vielleicht insgeheim ärgerst, dass du die Überstunden nicht verweigern kannst, ist es nicht immer die beste Möglichkeit, einfach gute Miene zum Spiel zu machen. Du kannst beispielsweise signalisieren, dass du zwar nicht gerne die Überstunden machst, aber dass du bereit bist, dem Chef hier entgegenzukommen. Es ist eine gute Möglichkeit, dann eine Gegenleistung zu erbitten. Du kannst zum Beispiel aushandeln, dass du dafür am nächsten Tag etwas früher gehst oder dass du die Arbeitszeit am nächsten Brückentag abfeiern darfst. So signalisierst du Kooperationsbereitschaft, hilfst deinem Chef in der aktuellen Situation aus der Klemme, behältst deine innere Balance und fühlst dich nicht ausgenutzt.

Arbeitsbeziehungen funktionieren langfristig besser, wenn du deine Grenzen klar ziehst und dich nicht ausgenutzt fühlen musst. Andernfalls wirst du dich auf Dauer selbst abwerten und dir selbst leidtun. Das ist gefährlich, denn dann sabotierst du vielleicht unterschwellig die gute Beziehung, die du sonst zu deinem Chef oder zu deinen Kollegen haben könntest.

Das Gleiche gilt auch für private Beziehungen. Eine zu große Nachgiebigkeit oder Opferbereitschaft wirkt auf den ersten Blick vielleicht positiv, sie schadet aber insgesamt den allermeisten Beziehungen sehr. Irgendwann fühlst du dich ganz bestimmt ausgenutzt und lastest das dem oder den anderen an. **Sorg dafür, dass du privat und beruflich in Balance bleibst und deine Grenzen deutlich setzt. Damit stärkst du dein Selbstbewusstsein.**

Alors!

Natürlich ist es wichtig, offen und hilfsbereit durchs Leben zu gehen. Doch du kannst anderen nur deine Ressourcen zur Verfügung stellen, wenn du dich selbst stärkst.

 # Du bist stärker, als du glaubst

Vielleicht erlebst du aktuell eine Phase, in der du dich klein und ohnmächtig fühlst, in der du dein Selbstbewusstsein als klein und völlig ungenügend bezeichnen würdest. Doch glaub mir: Gerade jetzt solltest du eine schwierige Situation meistern. Gibt es gerade einen Konflikt am Arbeitsplatz oder stehst du vor der Herausforderung, deinen Kindern oder deinem Partner gegenüber deine Bedürfnisse durchzusetzen?

Jetzt ist es wichtig, dass du dich **an deine Kräfte und Fähigkeiten erinnerst**, die ganz sicher in dir schlummern. Einige wichtige Fragen, die du dir jetzt stellen solltest, lauten:

- Wann in der Vergangenheit habe ich **eine schwierige Herausforderung gut bewältigt**?

- **Welchen Erfolg** habe ich mir selbst erarbeitet?

- In welcher Situation habe ich **mich wohl-gefühlt** und war zutiefst zufrieden mit dem Ergebnis, das ich erreicht habe?

Dabei kannst du dir durchaus auch kleinere Erfolgser-lebnisse bewusst machen. Lass deine Gedanken ruhig schweifen, du wirst ganz sicher auf eine positive Erin-nerung stoßen. Versetz dich nachträglich noch einmal in die damalige Situation. Wie war das Gefühl, nach-dem du die schwierige Aufgabe angenommen und gemeistert hattest? Erweck das Gefühl von damals zu neuem Leben, genieß noch einmal deinen Erfolg. Nimm dieses Gefühl mit in die neue Aufgabe – es wird dir Kraft und Motivation geben, auch die neue He-rausforderung zu meistern!

Such dir Unterstützer

Den Weg zu einer selbstbewussten Lebenseinstellung brauchst du nicht allein zu gehen. So wie jeder Leistungssportler einen Trainer zurate zieht, kannst du dir jederzeit Coaches für deine Einstellungs- und Verhaltensveränderung suchen. Ich habe, genau wie du gerade, auch Bücher zurate gezogen und nach Menschen Ausschau gehalten, die mich auf meinem Weg unterstützen.

Jede Änderung unseres Verhaltens kostet Kraft und Mut. Im Verlauf deines Entwicklungsprozesses trittst du höchstwahrscheinlich irgendwann den Menschen in deiner Umgebung in ungewohnter Weise gegenüber. Du weichst irgendwann von dem Bild ab, das deine Mitmenschen von dir hatten. Vielleicht warst du bisher sehr friedfertig und recht zögerlich, wenn es um die Austragung von Konflikten zugunsten deiner Rechte ging. Du hast glücklicherweise gelernt, mehr zu dir zu stehen, und bestehst plötzlich darauf, gehört zu werden. Damit löst du manchmal zunächst Irritation aus, und vielleicht bekommst du selbst Angst. Ich war mir eine Zeit lang nicht mehr sicher, ob ich eigentlich auf dem richtigen Weg bin oder ob ich vielleicht doch übertreibe. Die alten Verhaltensweisen waren nicht gut und förderlich, aber sie gaben Sicherheit. Und Sicherheit ist eines der wichtigsten menschlichen Grundbedürfnisse. Ich habe gelernt: Sorgen wir also für unsere innere Sicherheit. Bevor wir jedoch aus unserem Sicherheitsbedürfnis heraus in alte Rollenbilder zurückkehren, denken wir daran: **Es gibt andere, bessere Möglichkeiten!**

Denk an
die Rücken-
deckung!

Was du jetzt brauchst, ist Rückenstärkung! Such dir einen oder mehrere **Menschen, die dir genau diese Rückenstärkung geben, die dir bestätigen, dass du dich für dich selbst einsetzen darfst**.

Du brauchst auf dem Weg zu mehr Selbstbewusstsein immer wieder die Erlaubnis, dir selbst Wertschätzung, Aufmerksamkeit und Zuneigung geben zu dürfen. Eine gute Freundin oder ein lieber Partner kann hier Wunder wirken.

mein

TIPP:

Weih gezielt Menschen, denen
du vertraust, in dein Vorhaben
ein und mach sie zu deinen Kom-
plizen in eigener Sache!
Sie können dich darauf hinweisen,
wenn du in alte Verhaltensmuster
verfällst, und ermutigen, weiter
deinen selbstbewussten Weg
zu gehen.

Résumé

Selbstbewusstsein to go! Ich habe dir das Wichtigste noch einmal in Kürze zusammengestellt:

1. Das Geheimnis wirklich starker Frauen liegt darin, dass sie **ihren Wert kennen**. Vertrauen in sich selbst hat viel mit Selbsterkenntnis und mit der Annahme der eigenen Persönlichkeit zu tun. Selbstbewusste Menschen kennen ihre Stärken und auch ihre Schwächen. Sie haben es nicht nötig, eine falsche Selbstsicherheit vorzuspielen. Sie können zugeben, wenn sie sich irren.

2. Entlarv den inneren Kritiker in dir. Kein Mensch ist perfekt, das sollte auch nicht dein Anspruch sein. Der innere Kritiker meldet sich viel zu oft zu Wort. **Lob dich** so oft wie möglich. Wenn du einen inneren Ausgleich zwischen Kritik und Lob hergestellt hast, fällt es dir automatisch leichter, echte Kritik anzunehmen und konstruktiv damit umzugehen.

3. Du bist kein Kind mehr. **Du kannst dich wehren.** Du kannst Einspruch einlegen, andere auf ihr Verhalten ansprechen, dir adäquate Hilfe holen, Situationen mit Humor und mit deinem eigenen Charme entschärfen. Alors, fall nicht unnötig in gewohnte Verhaltensmuster zurück, sondern ergreif Partei für dich! Denk dabei auch an die Kraft der sich **selbsterfüllenden Prophezeiungen**.

4. **Such dir Vorbilder.** Das kann zum Beispiel eine gute Freundin sein, die knifflige Situationen meist souverän löst. Dabei geht es nicht darum, jemanden nachzumachen, sondern es ist wichtig, dass du dir dich dabei selbst als Handelnde vorstellst und so Fähigkeiten und Handlungsoptionen trainierst. Sieh diese Methode als Spiel, die dir Spaß bereitet.

5. Das Leben stellt uns nicht nur vor die Aufgabe, für andere, sondern genauso für uns selbst einzustehen. Und das ist mindestens genauso wichtig! Wer für sich einstehen will, sollte sich selbst kennen. Denn der Weg zu einem stabilen Selbstbewusstsein führt über das Anerkennen der eigenen Fähigkeiten und Stärken. **Lern, deine Stärken zu stärken.**

6. Trau dich, die **Dinge mit Lockerheit anzugehen**. Gib ruhig mal zu, dass du etwas nicht weißt, und vertrau darauf, dass du oft genug mit deinen speziellen Kenntnissen punkten kannst. Das macht dich liebenswert und menschlich. Außerdem nimmt es einen immensen Druck von den Schultern, die eh schon all die Anforderungen und Erwartungen an dich tragen.

7. Gönn dir **regelmäßig Ruhepausen**. Das ist der Königsweg zu Gelassenheit, Selbstsicherheit und Souveränität. Das Geheimnis liegt darin, zu spüren, dass du es dir wert bist, deine Zeit nur mit dir selbst zu verbringen. Allein, nicht einsam. Selbstwertgefühl bedeutet, dass du dir selbst deinen inneren Wert zugestehst, gerade auch dann, wenn du nichts leistest, keine Vorgaben erfüllst, es niemandem recht machst.

8. Lern, nur dann Ja zu sagen, wenn du es auch wirklich so meinst. **Das Management deines Lebens liegt bei dir**, nicht bei den anderen, die uns sonst durch ihre Bitten und Ansprüche allzu leicht steuern können. Menschen mit einem gesunden Selbstbe-

wusstsein können ihre Grenzen so ziehen, dass sie nur dann Aufgaben annehmen, wenn sie es auch wirklich wollen.

9. Wenn du in einer Phase steckst, in der du dein Selbstbewusstsein als klein und ungenügend bezeichnen würdest, aber gerade jetzt eine schwierige Situation meistern musst, **erinnere dich an deine Stärken**. Erweck das Gefühl der letzten gemeisterten Herausforderung zu neuem Leben, genieß noch einmal deinen Erfolg. Nimm dieses Gefühl mit in die neue Aufgabe – es wird dir Kraft und Motivation geben, auch die neue Herausforderung zu meistern.

10. **Hol dir Rückendeckung**. Such dir einen oder mehrere Menschen, die dir bestätigen, dass du dich für dich selbst einsetzen darfst. Diese Bestärkung brauchst du auf deinem Weg zu mehr Selbstbewusstsein immer wieder. Als Unterstützer kann ein guter Freund, dein Partner oder auch ein Coach sehr hilfreich sein.

Meine Erfolge auf dem Weg zu mehr Selbstbewusstsein

Alors!

Voilà, wenn du diese zehn Schritte gehst und die damit verbundenen Themen im Lauf der Zeit selbstverständlich in deinen Alltag integrierst, wirst du lernen, dir selbst mit Wertschätzung, Achtung und Liebe zu begegnen.

À la fin!

Dranbleiben lohnt sich

Ich hoffe, dass dir die Lektüre meines kleinen Ratgebers Spaß gemacht hat und du wertvolle Anregungen für dich gefunden hast.

Denk immer dran: **Auf der Suche zu einem gesunden Selbstbewusstsein bist du nicht die Einzige.** Nur wenigen Menschen ist dieser Schatz in die Wiege gelegt, sich ganz selbstverständlich rundum wertvoll und liebenswert zu fühlen.

Meine zehn Schritte lassen sich selbstverständlich sowohl im Privatbereich als auch im beruflichen Kontext direkt umsetzen. Es lohnt sich, dranzubleiben! Du wirst merken, dass es zunehmend leichter wird und die Umsetzung immer mehr Spaß macht, je öfter du einen noch so kleinen Erfolg verzeichnen kannst.

Ich wünsche dir, dass du deinen Weg zu mehr Erfolg und Selbstvertrauen findest. Vielleicht kannst du nicht jeden meiner Vorschläge sofort verwirklichen. Aber das macht auch nichts: Dann wende dich einfach zuerst den Anregungen zu, die dir leichter fallen, und tank so erstes Selbstbewusstsein. **Ganz sicher wirst du schon bald mit Vergnügen deine Stärke und Souveränität entdecken!**

Hast du eigene Anregungen für mehr Selbstbewusstsein oder möchtest du deine Erfahrungen mit mir teilen? Dann freue ich mich, wenn du mir schreibst an madame.missou@gabal-verlag.de.

Und jetzt: **Zeig der Welt, was in dir steckt!** Adieu und bis zum nächsten Mal,

Madame Missou –
Von der Freundin für die Freundin.
Der Ratgeber zum Verschenken

Ob Achtsamkeit, gute Laune, Aufräumen oder Selbstbewusstsein: Madame Missou weiß Rat. Sie hat schon vieles ausprobiert und verrät ihren Leserinnen die besten Tipps und Tricks! Die kleinen Ratgeber widmen sich in kompakter Form Themen, die uns im Alltag begleiten, und Herausforderungen, denen frau sich täglich stellt – und präsentieren pragmatische Lösungen. Die liebevollen Illustrationen und Listen zum Selbsteintragen steigern das Lesevergnügen und machen die Bücher zu individuellen Workbooks.

Das perfekte Geschenk für die beste Freundin!

Madame Missou hat gute Laune

Ein Kaffeefleck auf der frischen Bluse, das Auto springt nicht an, du stößt dir den Zeh – un jour catastrophique! Aber: Kein Grund, in schlechte Laune zu verfallen. Ich verrate dir kleine Tricks, die dein schönstes Strahlen wieder hervorzuzaubern werden. Und dich – ganz nebenbei – dauerhaft zufriedener machen!
ISBN: 978-3-86936-784-2

Madame Missou räumt auf

Das Genie liebt das Chaos? Oder hat das Gerümpel die Herrschaft übernommen? Fest steht: Neue Gedanken brauchen Platz, um sich zu entfalten, und ein schönes Zuhause ist der beste Rückzugsort der Welt! Mit ein paar kleinen Tricks wirst du wieder Herrin im eigenen Reich. Ich zeige dir, wie's geht!
ISBN: 978-3-86936-785-9

Madame Missou ist achtsam

Kinder, Haushalt, Job und Hobbys – der Alltag kann schnell in Stress ausarten! Dann hetzt frau von A nach B, ohne im Gespräch aufmerksam zuzuhören, das Abendessen wirklich zu genießen oder die Aufgabe konzentriert zu erledigen. Und fällt am Ende des Tages vollkommen erschöpft ins Bett. Ich kenne das nur zu gut und weiß, was zu tun ist: Achtsam leben lautet das Gebot der Stunde! **ISBN: 978-3-86936-787-3**

Madame Missou lebt gesund

Superfood hier, Low Carb da, gluten-, laktose- und fleischfrei soll es sein – wer blickt denn da noch durch? Leistungssport, Feng-Shui oder doch nur ausschlafen? Ich habe eine Mission: Ab sofort will ich gesünder und glücklicher leben. Ich lade dich ein, mitzumachen und von meinen Erfahrungen zu profitieren.

ISBN: 978-3-86936-788-0

Madame Missou ist schlagfertig

Manchmal willst du einfach nur im Boden versinken vor Scham, weil deine richtig dämliche Frage als solche enttarnt wurde? Oder du wirst auf eine unverschämte Weise angesprochen und bist sprachlos vor Zorn? Schluss damit! Ich kenne diese Situationen und weiß auch, wie du ganz cool aus der Nummer rauskommst. Ich verrate dir die besten Tricks für mehr Schlagfertigkeit.

ISBN: 978-3-86936-789-7